DAS ENTSCHEIDENDE IST:
FÜR GOTT IST ALLES MÖGLICH.
DAS IST EWIG WAHR UND
ALSO WAHR IN JEDEM
AUGENBLICK.

SØREN KIERKEGAARD

WAS MENSCHLICH GESEHEN UNMÖGLICH IST, IST BEI GOTT MÖGLICH.

LUKAS 18,27

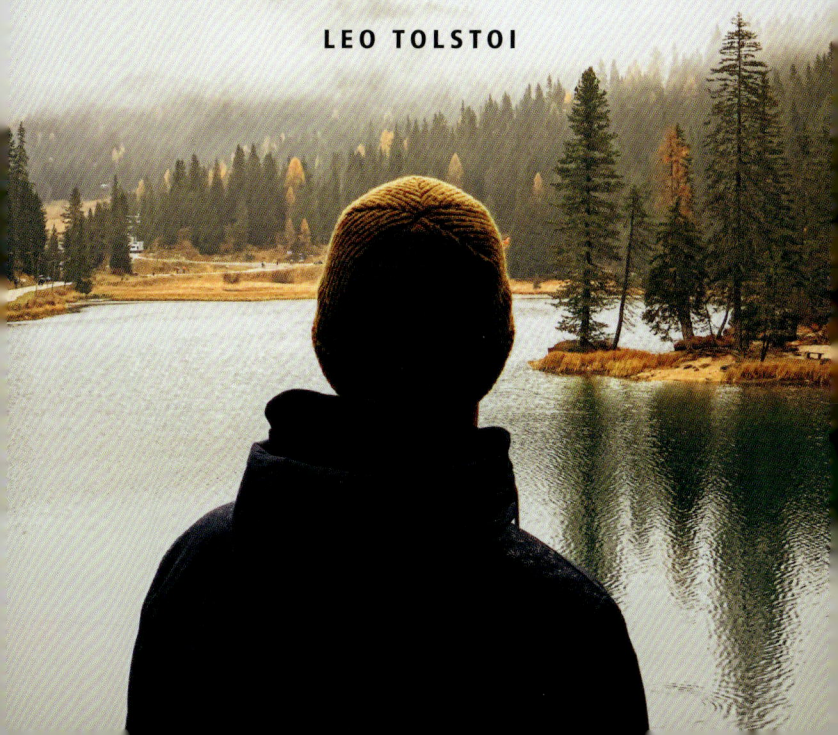

WENN UNS ETWAS AUS DEM GEWOHNTEN GELEISE WIRFT, BILDEN WIR UNS EIN, ALLES SEI VERLOREN; DABEI FÄNGT NUR ETWAS NEUES, GUTES AN.

LEO TOLSTOI

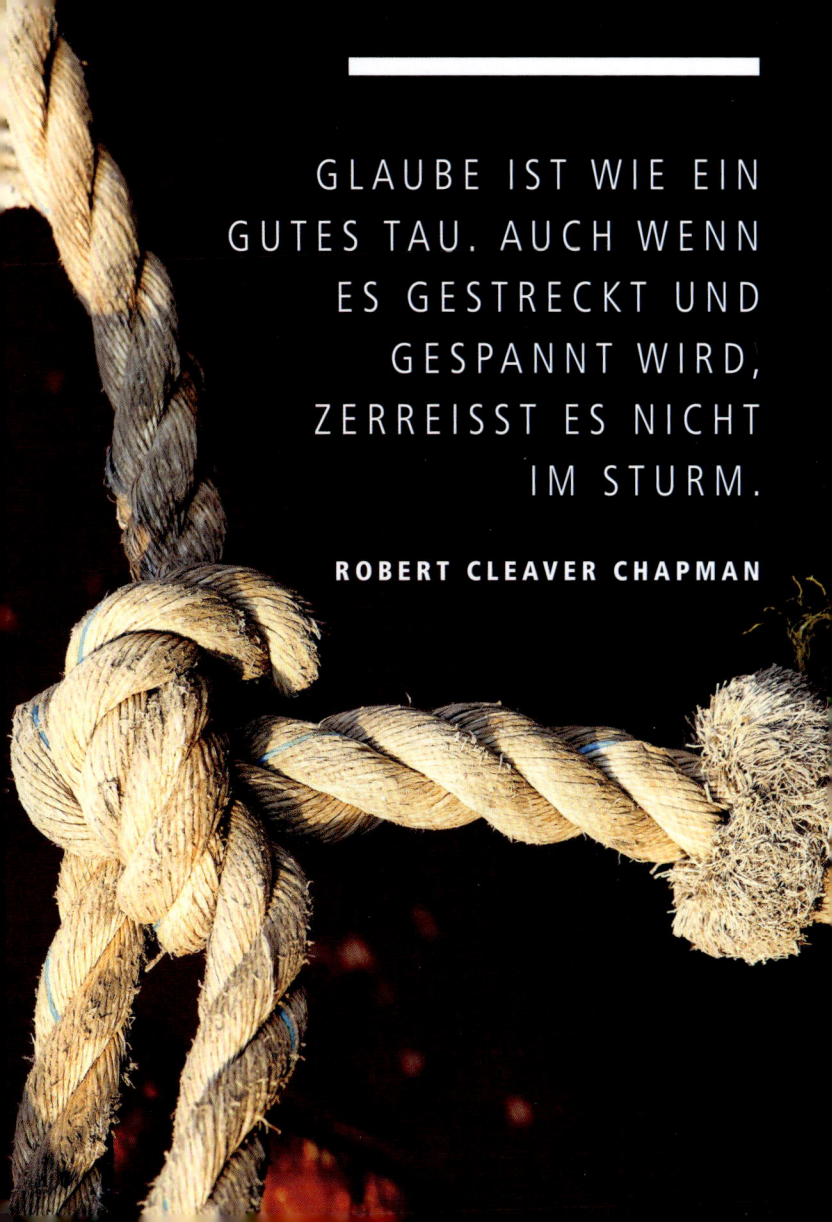

DESHALB BETE ICH, DASS
GOTT, DER EUCH HOFFNUNG
GIBT, EUCH IN EUREM
GLAUBEN MIT FREUDE UND
FRIEDEN ERFÜLLT, SODASS
EURE HOFFNUNG IMMER
GRÖSSER WIRD DURCH DIE
KRAFT DES HEILIGEN GEISTES.

RÖMER 15,13

MAN MUSS SICH DURCH DIE KLEINEN GEDANKEN, DIE EINEN ÄRGERN, IMMER WIEDER HINDURCHFINDEN ZU DEN GROSSEN GEDANKEN, DIE EINEN STÄRKEN.

DIETRICH BONHOEFFER

DENN GOTT HAT UNS NICHT EINEN GEIST DER FURCHT GEGEBEN, SONDERN EINEN GEIST DER KRAFT, DER LIEBE UND DER BESONNENHEIT.

2. TIMOTHEUS 1,7

MUTIG
―――
STARK

JEDEN TAG MÖCHTE ICH
IN DER GEFÄHRLICHEN NÄHE
VON JESUS LEBEN. ICH SEHNE
MICH NACH EINEM LEBEN
VOLLER SINN, ABENTEUER,
STAUNEN, RISIKO
UND GEFAHR.

MIKE YACONELLI

MUTIG
STARK

BLEIBT IN MIR,
UND ICH WERDE
IN EUCH BLEIBEN.

JOHANNES 15,4

MUTIG
STARK

DER WEG WÄCHST IM GEHEN
UNTER DEINEN FÜSSEN
WIE DURCH EIN WUNDER.

REINHOLD SCHNEIDER

MUTIG
STARK

> DAS GEBET EINES GERECHTEN MENSCHEN HAT GROSSE MACHT UND KANN VIEL BEWIRKEN.
>
> **JAKOBUS 5,16**

MUTIG / STARK

DAS GLÜCK BESTEHT NICHT DARIN, DASS DU TUN KANNST, WAS DU WILLST, SONDERN DARIN, DASS DU AUCH IMMER WILLST, WAS DU TUST.

LEO TOLSTOI

MUTIG
STARK

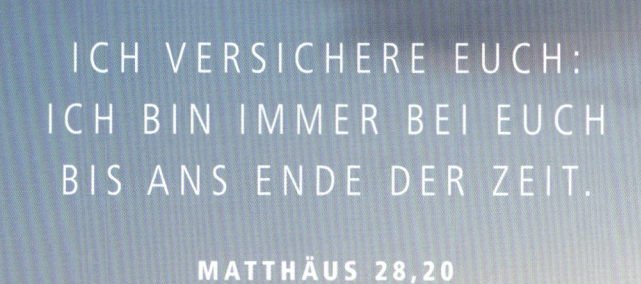

ICH VERSICHERE EUCH: ICH BIN IMMER BEI EUCH BIS ANS ENDE DER ZEIT.

MATTHÄUS 28,20

MUTIG
STARK

DER LEBENDIGE GOTT
IST MIT UNS,
DESSEN KRAFT
NIE VERSAGT,
DESSEN ARM
NIEMALS MÜDE WIRD,
DESSEN WEISHEIT
UNENDLICH UND
DESSEN KRAFT
UNVERÄNDERT IST.

GEORG MÜLLER

MUTIG
―――
STARK

GOTT HAT GESAGT:
ICH WERDE DICH
NIE VERLASSEN
UND DICH NICHT
IM STICH LASSEN.

HEBRÄER 13,5

MUTIG
———
STARK

GOTT TAUSCHT
UNSER VERSAGEN
GEGEN SEIN GELINGEN,
UNSERE HEKTIK
GEGEN SEINE RUHE,
UNSERE FINSTERNIS
GEGEN SEIN LICHT,
UNSEREN TOD
GEGEN SEIN LEBEN.

JOHANNES VIEBIG

MUTIG
STARK

ABER DER HERR IST TREU; ER WIRD EUCH STÄRKEN UND EUCH VOR DEM BÖSEN BEWAHREN.

2. THESSALONICHER 3,3

MUTIG
───
STARK

DARIN ÄHNELT DIE BIBEL
DEM NÄCHTLICHEN HIMMEL:
JE LÄNGER
MAN HINSCHAUT,
DESTO MEHR
STERNE SIND DA!

**DMITRI SERGEJEWITSCH
MERESCHKOWSKI**

MUTIG
———
STARK